# APPEL

## AUX HABITANTS DE L'EUROPE

### SUR

# L'ESCLAVAGE

### ET

## LA TRAITE DES NÈGRES,

### PAR LA SOCIÉTÉ RELIGIEUSE DES *AMIS*,

### DE LA GRANDE-BRETAGNE.

<hr>

# PARIS,

## IMPRIMERIE DE FIRMIN DIDOT FRÈRES,

### RUE JACOB, N° 56.

### 1839.

# APPEL, ETC.

Un pur sentiment de charité chrétienne et un ardent désir de voir se réaliser enfin l'extinction totale de l'esclavage, et l'abolition immédiate de la traite des nègres dans tout l'univers, nous portent à appeler sur ces deux points la plus sérieuse attention des habitants de l'Europe ; et nous croyons remplir notre devoir de chrétiens en plaidant, avec toute l'énergie dont nous sommes capables, la cause des enfants de l'Afrique, victimes depuis longtemps d'une si intolérable oppression, et de la plus barbare tyrannie (1).

« Dieu a fait naître d'un seul sang tout le genre humain pour habiter sur toute l'étendue de la terre. »

Ce peu de mots de l'apôtre inspiré nous enseignent deux vérités importantes : *la première*, c'est que le Dieu tout-puissant est le Créateur de toute la race humaine, et que nous sommes tous également l'œuvre de ses mains. « Ses compassions sont par-des-« sus toutes ses œuvres. Il fait lever son soleil sur les méchants « et sur les bons, et il fait pleuvoir sur les justes et sur les in-« justes. »

(1) Il y a plus de 50 ans que la Société chrétienne des *Amis*, communément appelés *Quakers*, a pensé qu'un de ses devoirs religieux était de plaider la cause des esclaves de l'Afrique. Longtemps auparavant ils avaient résolu de se mettre avec soin à l'abri du reproche d'être intéressés en aucune manière dans le commerce criminel de la traite ; et dans le cours de ce siècle, ils ont pris une part active aux efforts de leurs frères, les chrétiens d'Angleterre, pour amener l'abolition de la traite et de l'esclavage. Il ne faut donc pas s'étonner ici de les voir considérer comme une de leurs obligations les plus sacrées, de faire un appel à toutes les nations étrangères, pour les inviter à s'unir à eux dans toutes les mesures qui peuvent contribuer à l'extinction totale du double fléau, du crime affreux qui est le sujet de ce petit écrit.

*La seconde* vérité, c'est que nous sommes tous du même sang, tous enfants d'un père commun, quelle que soit notre couleur, quel que soit notre pays; nous sommes tous frères; tous nous sommes doués de raison; tous nous possédons une âme immortelle. En vertu de l'éternelle loi de Dieu lui-même, loi d'amour, suivant l'expression énergique et touchante qui la caractérise, nous sommes tenus de nous aimer les uns les autres, de comprendre dans cet esprit d'amour la famille humaine tout entière, et de nous traiter réciproquement, suivant les principes immuables de la justice et de la vérité.

Mais nous ne sommes pas frères seulement sous le rapport de la création; nous sommes encore les uns et les autres les objets de cette glorieuse rédemption que nous devons à Jésus-Christ. Tous nous avons péché; nous sommes donc tous sous le poids de la condamnation pour le péché; mais c'est lui, Notre-Seigneur tout-puissant, qui est mort pour nous racheter de nos péchés; si nous sommes sauvés, c'est par lui seul que nous pouvons l'être. C'est là un autre lien encore, lien plein de douceur, qui unit entre eux les membres de la race humaine, enfants d'un père commun, d'un père universel.

Le jour arrivera où le Fils de l'homme viendra dans sa gloire pour juger le monde; et devant lui seront rassemblées toutes les nations, juifs et gentils; et chacun devra rendre compte de tout ce qu'il a fait, soit en bien soit en mal, pendant son existence corporelle. Sous tous ces différents rapports, la Bible parle de nous comme d'une race commune, ayant des intérêts communs, de communs priviléges, et des destinées communes.

Après ces graves et solennelles considérations sur le rapport qui existe entre l'homme et son Créateur et Rédempteur, il sera peut-être à propos, et ce sera rester dans notre sujet, d'examiner si les hommes ont agi les uns à l'égard des autres comme des frères, comme des enfants du même père céleste.

Les pages de l'histoire, qui nous entretiennent des actions des hommes, soit comme nations, soit comme individus, ne nous offrent le plus ordinairement que les plus sombres tableaux de cruauté et de méchanceté. Partout où existe le pouvoir, acquis ou transmis, telle est la corruption du cœur humain, qu'au lieu de traiter les autres hommes avec cet amour, cette pitié, cette justice, que commande la loi de fraternité et de charité, ce pouvoir a été fort souvent un instrument d'autorité arbitraire et de tyrannie, un moyen d'avilissement et de dégradation.

Des millions d'êtres de la race humaine ont été tenus en servitude; et, ainsi comprimée, l'énergie native de leur âme n'a pu se manifester; la raison, cette faculté noble, au lieu d'être cultivée en eux, a été pervertie, et on les a empêchés d'occuper dans la famille des hommes le rang qui leur appartenait. L'esclavage transforme l'homme en un article de commerce; l'esclavage vient audacieusement se mettre entre lui et son Créateur; il affaiblit à un degré effrayant les douces relations de mari, de père et d'enfant; il dépouille l'esclave de toute son utilité morale sur la terre; il le déshérite autant qu'il est possible de toutes les nobles jouissances de la vie, et ne lui laisse guère que celles de la brute. Oui, telle est l'influence dégradante de la servitude dans laquelle l'homme tient l'homme son semblable, que son effet infaillible est d'anéantir tout sentiment moral, d'aveugler le jugement et de lui ôter jusqu'à la perception du bien et du mal. L'esclavage nourrit et fortifie les mauvaises passions de notre nature, tandis qu'il étouffe et éteint tout ce qu'elle peut en avoir de douces et d'élevées. Et sans nous arrêter sur l'injustice du travail forcé en usage dans les colonies européennes, on peut dire que l'esclavage a répandu sa contagieuse influence sur les plus belles portions de la terre, convertissant le riant jardin en un aride désert, portant la désolation et la stérilité partout où l'activité du laboureur libre aurait pu amener la fertilité et l'abondance.

Le plus sûr remède à de tels maux, c'est l'adoption et la pratique des principes de la religion chrétienne. Notre-Seigneur lui-même, le grand législateur du christianisme, dont nous sommes tenus de suivre implicitement les préceptes, si nous voulons être dignes de porter son nom, a dit : « Toutes les choses que vous voulez que les hommes vous fassent, faites-les-leur aussi de même. »

Si nous nous conformons à cette maxime, et comme nations et comme individus, il faut que l'esclavage cesse ; il n'y a pas d'homme, il n'y a pas de peuple qui courbât volontairement la tête sous le joug de l'esclavage ; donc, ceux qui prennent cette maxime pour règle de leur conduite ne peuvent imposer ce joug aux autres. Quel homme voudrait qu'on le traitât d'une manière cruelle, qu'on lui infligeât d'affreuses tortures, qu'on arrachât de ses bras sa femme et ses enfants, ou qu'on l'arrachât des leurs ? Aucun. Donc, le chrétien ne peut agir ainsi à l'égard des autres hommes. Voici le premier et le grand commandement donné par le Christ Jésus : « Tu aimeras le Seigneur ton Dieu de tout ton cœur, de toute ton âme, de tout ton esprit, de toutes tes forces ; » et voici le second : « Tu aime-« ras ton prochain comme toi-même. » Si nous aimons Dieu véritablement, nous aimerons tous les hommes comme étant ses enfants. Or, pourrions-nous jamais outrager, torturer, dégrader ceux que nous aimerions ainsi ? Non, cela est contraire à la nature des choses. Quelle simplicité, quelle pureté dans la loi de Dieu ! Quelle complication, quelle fausseté dans les raisonnements de l'homme corrompu ! Notre devoir et notre intérêt sont inséparables ; en observant la loi de Dieu, nous travaillons à augmenter essentiellement notre félicité. Si au contraire, pour nos fins particulières, nous foulons aux pieds, nous violons cette loi, nous attirons sur nous-mêmes les soucis, la crainte, mille embarras, et cela, pour satisfaire un vil égoïsme et de criminelles passions.

Ouvrons toutes les annales de cruauté et de méchanceté que nous fournit la triste histoire du genre humain ; nous n'en trouverons pas qui offre un plus effrayant et plus déplorable amas de crimes, et par conséquent de misères, que l'histoire de la traite des esclaves de l'Afrique et des horreurs qui l'accompagnent.

Depuis plus de deux siècles, ce système d'iniquité exerce ses ravages, et des millions de nos semblables ont été sacrifiés pour assouvir les passions cupides et cruelles des Européens, qui osent s'appeler chrétiens. Ajoutons, et c'est ce qu'il y a de plus affligeant, ajoutons qu'après des recherches attentives sur l'état actuel de la traite, on a de fortes preuves qu'en ce moment même cet infâme trafic continue sur une plus grande échelle encore, et avec toute l'effronterie de l'impunité.

On excite des guerres entre les petits souverains de l'Afrique. Des villages sont livrés aux flammes pour en faire sortir les habitants; ces malheureux se précipitent effrayés hors de leurs demeures, et deviennent la proie de maraudeurs en embuscade. On les conduit de force vers la côte; on leur fait subir les plus affreuses tortures, les plus cruelles privations; on les arrache aux liens les plus chers de l'humanité. Arrivés au lieu de leur destination, ils sont réunis en troupeaux, et souvent plus durement traités que des bêtes de somme. Quand une occasion favorable se présente, on les pousse le plus vite possible vers les bâtiments qui les attendent; on les retient jusqu'au départ dans le port et dans quelque anse écartée; on les entasse comme des balles de marchandises, et d'indicibles souffrances les attendent pendant leur voyage à travers l'Atlantique. Ceux qui survivent à tant d'horreurs sont réservés à toutes sortes de cruautés et d'indignités de la part de conducteurs ou de commandeurs impitoyables. Enfin, la débauche et mille autres vices, suites inévitables de l'esclavage, sont les derniers, mais non les moins désastreux, de tous les résultats de ce système d'injustice, qui ne peut qu'enfanter partout où il règne, la plus effrayante immoralité.

Les commissaires envoyés à Sierra-Leone ont évalué à 80,000 le nombre d'esclaves enlevés chaque année sur la côte occidentale de l'Afrique, la majeure partie de Whydah, de Bonny, du vieux et du nouveau Calabar, et des autres rivières qui se déchargent dans le golfe de Guinée. Il a été établi que la seule anse de Benin avait contenu jusqu'à cinquante bâtiments négriers, capables de prendre 20,000 nègres, amenés à la fois par les différentes rivières. Les principaux marchés de la côte orientale sont Quilimana et Mozambique. Dans l'automne de 1837, des bâtiments en nombre suffisant pour charger 3,000 esclaves, mouillaient sur ce premier point; et à Mozambique 10,000 esclaves, suivant les rapports, n'attendaient que le moment de l'embarquement; seize négriers, de 300 à 900 tonneaux, étaient alors à l'ancre dans le port, et prêts à prendre leur affreuse cargaison.

Un dépouillement attentif des pièces fournies au parlement de la Grande-Bretagne sur la traite des noirs, autorise à croire que le nombre des esclaves enlevés sur les deux côtes, l'orientale et l'occidentale, principalement par des sujets portugais, espagnols et brésiliens, ne se monte pas à moins de 150,000. Mais la brèche faite à la population de l'Afrique s'élève à un chiffre beaucoup plus fort, car la capture de ces 150,000 esclaves coûte la vie à une multitude d'autres nègres, et occasionne une effroyable effusion de sang. La famine suit ordinairement, si ce n'est toujours, ces enlèvements d'hommes, et ajoute encore à la liste des victimes. La destruction d'hommes causée par la traite a été estimée à un nombre égal à celui des noirs emmenés en esclavage, ce qui fait pour l'Afrique une perte totale de trois cent mille individus par an.

Et ces infortunés sont nos frères et nos sœurs! et c'est pour eux, aussi bien que pour nous-mêmes, que Christ est mort! et ils n'avaient jamais fait le moindre mal aux Européens; jamais ils n'avaient commis de crimes qui pussent légitimer un traitement si barbare! Si l'on ne met bientôt un terme à ce système de méchanceté, aussi compliqué que criminel, ne sommes-nous pas fondés à craindre que Dieu se lèvera dans sa colère pour prononcer une sentence terrible contre ceux qui outragent ainsi l'œuvre de ses mains? Celui qui juge toute la terre ne fera-t-il pas justice ?

Les documents abondent à l'appui des faits que nous venons d'exposer.

Il ne sera pas inutile de jeter maintenant un coup d'œil rapide sur l'état présent de cet atroce trafic, tel qu'il existe encore ou a existé parmi les nations de l'Europe.

Nous parlerons d'abord de la *Grande-Bretagne*. Pendant une longue suite d'années, la traite a jeté une déplorable flétrissure sur notre caractère national, et déshonoré un peuple qui fait profession du christianisme. En 1807, le peuple anglais a prononcé l'abolition de la traite. Les défenseurs de cette grande mesure se flattaient de l'espoir consolant qu'elle ne tarderait pas à être suivie de l'abolition de l'esclavage. Hélas! ils s'abusaient. On s'aperçut bientôt qu'à moins d'une intervention du pouvoir législatif pour mettre fin à l'esclavage, on ne pouvait assigner de terme à sa durée. Une société se forma donc à Londres pour aviser aux moyens d'arriver à ce but ; dès l'année suivante, l'affaire fut portée au parlement; et en 1833, grâce aux efforts combinés et persévérants d'hommes de toutes les classes, doués de talents divers, d'hommes d'intégrité et de principes chrétiens, agissant de concert sur l'esprit public, et appelant sur la cause qu'ils servaient la bénédiction du Très-Haut, une loi abolit l'esclavage, mais on y annexa un système d'apprentissage qui devait durer jusqu'en 1840. Ce système, si anomal par son caractère, si injuste dans son principe, se trouva en même temps si vicieux dans la pratique, qu'il n'y eut qu'un cri dans le public pour en demander l'abolition. Enfin, l'année dernière, eut lieu l'heureux événement de l'absolue et entière émancipation des esclaves, et c'est avec un vif sentiment de satisfaction que nous pouvons dire qu'aujourd'hui l'esclavage a cessé d'exister dans les colonies anglaises des Indes occidentales. L'expérience a fourni la démonstration complète que les nègres, que les enfants de l'Afrique, sont capables d'apprécier la liberté et d'en jouir ; qu'ils se conduisent comme de paisibles et laborieux sujets du gouvernement britannique ; que même, grâce à la bénédiction divine, la conduite d'un grand nombre d'entre eux est pour leurs anciens oppresseurs et pour le monde en général une éclatante proclamation de l'excellence et de la puissance de la religion chrétienne, dont les vérités leur sont enseignées aujourd'hui.

La *France*, nous le disons avec joie, a aboli la traite, et, parmi ses habitants les plus éclairés, un grand nombre, convaincus de l'iniquité de l'esclavage, font ce qui est en leur pouvoir pour l'anéantir entièrement dans les contrées qui sont sous sa domination. Puissent-ils persévérer dans leurs efforts et dans leurs vœux ! Puissent des milliers de collaborateurs se joindre à eux ! et puisse un succès complet couronner bientôt leur sainte entreprise !

L'*Espagne* aussi a, par une loi, aboli la traite ; mais c'est avec douleur que nous ajoutons que, malgré la ratification solennelle d'un traité avec la Grande-Bretagne, des milliers d'esclaves sont transportés tous les ans des rivages de l'Afrique à Cuba et dans les autres établissements espagnols ; ainsi les crimes se perpétuent, la misère et la barbarie se maintiennent, en dépit de la loi, en dépit de la justice.

Si le *Portugal* conserve encore quelques colonies, elles sont en petit nombre ; mais il continue autant qu'il est en lui à se souiller du crime de la traite ; et le Brésil, quoique formant un gouvernement séparé de l'ancienne monarchie de l'Europe, reçoit annuellement, sous le pavillon portugais, des milliers de victimes de ce commerce infâme.

Mais ce n'est pas seulement sous les couleurs portugaises que ces cargaisons de chair humaine arrivent au Brésil. D'autres pavillons encore sont employés à couvrir cette détestable industrie, et l'on calcule qu'en totalité, dans un temps très-court, il reçut plus de 50,000 Africains. On les y transporte avec des précautions d'une cruauté inouïe, et ils vont, comme esclaves, traîner la plus misérable existence chez cette nation qui, depuis longtemps déjà, a consenti à mettre fin à l'atroce système dont ils sont les victimes.

La traite est abolie en *Hollande* depuis plusieurs années; il en est de même en *Danemark* et en *Suède;* et cependant l'esclavage existe encore dans leurs colonies des Indes occidentales.

Les *États-Unis,* nous le disons avec une profonde douleur, les États-Unis qui, d'après ces principes de liberté et d'égalité qu'ils font sonner si haut, auraient dû se montrer, pour ainsi dire, à l'avant-garde des peuples, pour détruire l'esclavage, sont encore profondément enfoncés dans ce maudit et criminel système. Un trafic de nègres, un trafic considérable se fait à l'intérieur, entre plusieurs des États de l'Union, dégradant les âmes de ceux qui prennent part à cette odieuse industrie, et perpétuant ainsi l'injustice et la cruauté. Nous applaudissons néanmoins aux efforts d'un grand nombre de bons et sages citoyens de ces États, qui n'ont pas craint de se mettre en avant, et de plaider avec une noble hardiesse la cause de la justice et de l'humanité. La lumière se répand de proche en proche, et nous sommes assurés que, malgré de grands et nombreux obstacles, le jour n'est pas éloigné où les droits inaliénables d'une race opprimée seront pleinement reconnus.

Le remède efficace aux maux qu'enfante la traite, est dans l'extinction absolue de l'esclavage; fermez le marché et la denrée cessera d'y arriver. Que de crimes, que de cruautés cesseraient pour toujours, si les nations que nous venons d'énumérer, s'entendaient tout à coup, pour conformer leur conduite aux principes de la justice et de l'équité, pour accorder, ou plutôt pour restituer aux malheureux esclaves ces priviléges auxquels la nature leur a donné le même droit qu'à nous-mêmes! Ces contrées, où règnent aujourd'hui l'oppression et la misère, deviendraient, nous en croyons notre confiance dans cette providence divine qui gouverne toutes choses, deviendraient les demeures d'une race d'hommes paisibles, amis de l'ordre, de l'industrie et du travail. Puissent les gouverneurs de ces nations, dirigés par les principes d'une politique juste et éclairée, céder bientôt à la voix de la sagesse, à celle d'un intérêt bien entendu, et n'être pas insensibles à la gloire d'avoir établi un tel état social!

Qu'on ait sans cesse devant les yeux ce grand principe, l'extinction de l'esclavage, et qu'on le prenne pour règle de conduite; qu'en même temps toutes les puissances, tous les talents de l'Europe se concertent pour créer et favoriser en Afrique un commerce équitable, paisible et légitime. Qu'on aille au secours de ces vastes contrées, désolées jusqu'ici par le commerce des esclaves, en encourageant la culture de ces productions dont une providence bienfaisante les a si richement dotées, qui sont spécialement adaptées au climat des tropiques, et qui pourraient alors fournir abondamment aux besoins et aux jouissances des habitants de l'Europe. Introduisez, parmi ces peuples, comme compensation des maux incalculables qu'on leur a fait souffrir, l'amour de la paix et de la sécurité domestique, et les habitudes de la civilisation; mais appliquez-vous, par-dessus tout, à favoriser, parmi eux, la libre diffusion de la connaissance du glorieux Évangile de vie et de salut, qui vient par Jésus-Christ.

En notre qualité de chrétiens, nous faisons ici un appel à nos frères, à ceux qui s'honorent comme nous de porter le nom de Christ, à tous ceux qui professent la même religion sainte, dans toutes les contrées où cet écrit pourra parvenir. Nous les prions de se recueillir pour méditer sur les vérités qui viennent de leur être exposées, et de se mettre un instant à la place des victimes innocentes dont nous essayons de plaider la cause. Qu'ils répondent à une question que nous leur adressons avec tous les égards de la charité chrétienne. Se croiraient-ils irréprochables devant le Très-Haut, ou plutôt n'encourraient-ils pas la plus terrible responsabilité, si, en présence de ces faits, ils ne cherchaient pas par quels moyens, sans s'écarter de l'esprit pacifique de l'Évangile, mais enfin avec une fermeté et une constance chrétiennes, ils peuvent contribuer à hâter la fin de ces misères.

Et que nul ne suppose qu'il ne peut y rien faire, en disant qu'il n'a ni crédit ni influence. Il peut ouvrir le cœur à la pitié qu'inspirent les souffrances des opprimés, et y entretenir le sentiment d'une sainte indignation ; il peut répandre parmi ses amis et ses voisins la connaissance de l'état des choses que nous déplorons ; il peut se réunir à ceux qui tenteraient de porter cette cause devant les chefs et les gouverneurs des nations, dans les formes constitutionnelles, et sans porter atteinte à la paix publique ; il peut enfin adresser à Dieu, au suprême Gouverneur de l'univers, ses humbles et ferventes supplications, et le prier d'inspirer aux conseils des nations de sages et généreuses résolutions, qui mettent un frein à la méchanceté de l'homme, et désormais ôter à l'oppresseur tout moyen d'oppression.

Nous plaidons pour ceux qui gémissent dans une cruelle servitude, qui ne peuvent se faire entendre eux-mêmes, dont les cris et les gémissements ne peuvent parvenir jusqu'à notre oreille, dont nous ne pouvons voir les plaies et les meurtrissures; et nous recommandons cette juste et sainte cause à tous vos meilleurs sentiments d'hommes et de chrétiens.

Puisse le Seigneur notre Dieu, exauçant notre prière, hâter le jour où on n'entendra plus parler de violence dans le pays, ni de dégât dans les contrées, où la terre sera remplie de la connaissance de l'Éternel, comme le fond de la mer des eaux qui la couvrent, et où les royaumes du monde seront soumis à notre Seigneur et à son Christ !

Au nom d'une réunion représentant la Société religieuse des Amis, de la Grande-Bretagne, tenue à Londres, le 1er du 3me mois, 1839.

*Signé :* PETER BEDFORD, secrétaire.

# APPENDICE.



I. *Enlèvement des noirs.*

1. « Je n'ai pas le moindre doute, dit Bryan Edward, que les effets de ce commerce ne soient exactement tels que M. Wilberforce les représente. Les renseignements que j'ai tirés de mes propres Nègres sont plus que suffisants pour confirmer ce qu'il en dit. La plus grande partie de cet immense continent, si ce n'est même la totalité, est un vaste théâtre de guerres et de désolation, un désert dont les habitants sont de véritables loups les uns pour les autres. Je ne sais si la traite est précisément l'origine de ces scènes continuelles d'oppression, de fraudes, de perfidies et de massacres, mais ce que je me garderai bien de contester, c'est que c'est la traite qui les entretient en grande partie, pour ne pas dire en totalité. »

2. Voici ce que raconte le capitaine Lyon, dans son journal intitulé : *Relation de voyages dans le nord de l'Afrique, pendant les années* 1818, 1819 *et* 1820, publiée en 1821, pendant son séjour à Moorzouk :

« Vers la fin de ce mois, un nombreux kafflé d'Arabes, de Tripolitains et de Tibbous, arriva de Bournou, amenant avec eux quatorze cents esclaves des deux sexes et de tout âge, mais composés de femmes en majeure partie. Nous sortîmes à la rencontre du grand kafflé, pour le voir entrer dans la ville. Lamentable spectacle, en effet ! La plupart de ces pauvres créatures, victimes d'un affreux brigandage, étaient épuisées au point de ne pouvoir marcher qu'avec une peine extrême ; leurs pieds et leurs jambes étaient horriblement gonflés, et, par leur grosseur énorme, formaient un contraste hideux avec des corps décharnés. Tous portaient des charges de bois à brûler, et étaient près de succomber sous le faix; il n'y avait pas jusqu'aux pauvres petits enfants qui, réduits à l'état de squelettes par les fatigues et les misères du voyage, ne fussent forcés de porter leurs fardeaux, tandis que plusieurs de leurs barbares maîtres, commodément montés sur des chameaux, les suivaient avec le redoutable fouet attaché à leur ceinture, et s'en servaient de temps à autre, pour forcer à l'obéissance leurs malheureux captifs. »

3. Voici ce que disait, en 1822, notre ambassadeur au ministre de France : « L'arrivée d'un bâtiment négrier dans une des rivières de la côte est le signal d'une guerre entre les naturels ; les villages du parti le plus faible sont incendiés, et les malheureux qui survivent au désastre sont emmenés et vendus aux marchands d'esclaves. »

4. Le major Denham, dans la relation de son voyage en Afrique, rapporte que la nation des Begharmis a été entièrement détruite par le sheik de Bournou, dans cinq différentes expéditions, dans lesquelles vingt mille pauvres créatures furent égorgées, et le tiers de ce nombre, au moins, traîné en esclavage. On remarquera la manière dont il parle de ces guerres affreuses : « C'était, dit-il, la saison de l'année (le 25 novembre) où les souverains de ces contrées partent pour guerroyer. » Il rapporte aussi les conditions d'une alliance entre le sheik de Bournou et le sultan de Mandara. « Ce traité, dit-il, fut confirmé par le mariage du sheik avec la fille du sultan ; et la dot de la princesse devait être le produit d'une expédition qui allait se faire dans le pays de Kerdy, avec les forces combinées des deux alliés. L'issue en fut aussi *heureuse* qu'avaient pu s'en flatter les sauvages confédérés. Trois mille infortunés furent arrachés aux déserts qui les avaient vus naître, et vendus pour passer le reste de leur vie dans un esclavage perpétuel, tandis que très-probablement, *pour s'emparer de ceux-ci, on en avait massacré le double* *. »

5. Le commodore Owen, commandant un vaisseau sur la côte orientale de l'Afrique, en 1823 et 1824, dit que les richesses de

---

* Voyages de Denham et de Clapperton en Afrique. Londres, 1826.

Quilimana consistaient en or et en argent, quoique en petite quantité, mais principalement en grains, dont la récolte était assez abondante pour en fournir Mozambique. « Mais, ajoute-t-il, l'introduction de la traite a paralysé toute industrie, et changé ces contrées, où régnaient autrefois la paix et l'agriculture, en un séjour de sang et de carnage. Les tribus, devenues ennemies, sont sans cesse aux prises pour faire les unes sur les autres des prisonniers qu'elles vendent comme esclaves aux Portugais; ceux-ci fomentent ces guerres continuelles, et s'engraissent du sang qu'ils font couler, et de la misère dont ils sont les auteurs. »

6. « Le voisinage de l'île de Mac-Carthy, dit une lettre de M. Fox, missionnaire wesléyen sur la Gambie, du 5 janvier 1838, est encore une fois sens dessus dessous. La saison des pluies est à peine passée, et le produit d'une abondante moisson ramassé, qu'on entend au loin le bruit des combats et tout le fracas de la guerre, avec les horreurs qui marchent à sa suite; les mères, emportant leurs enfants avec les effets les plus indispensables, s'enfuient pour échapper à la mort; les bourgs, après qu'on y a enlevé le nombre de bestiaux, etc., etc., que désirent les bandits, sont immédiatement livrés aux flammes; des colonnes de fumée s'élèvent dans les airs; il est plus aisé de concevoir que de décrire les hurlements affreux de ceux qu'on égorge; et ceux qui échappent à cette boucherie sont condamnés à tous les maux d'une servitude sans terme. Un grand nombre de Bambarras viennent d'arriver de nouveau sur la rive nord de la rivière, non loin d'ici, et les pauvres Foullas de Jamalli sont venus chercher en conséquence un refuge dans cette île, emmenant avec eux le plus de bétail et autres objets qu'ils ont pu. »

7. « Dans d'autres occasions, dit Mac-Brair, autre missionnaire wesléyen près de la Gambie, un certain nombre de chasseurs d'hommes s'associent, et, tombant à l'improviste, pendant la nuit, sur quelque bourg ou village, ils massacrent tous les hommes qui font quelque résistance, et emmènent le reste des habitants comme la meilleure partie de leur butin. Ou bien, si un chef se croit assez fort, sous le plus frivole prétexte, il attaque son voisin, dont il enlève tous les sujets. Nos rapports intimes avec plusieurs des Africains libérés de l'île Mac-Carthy, à

deux cent cinquante milles de l'embouchure de la Gambie, et avec ceux de Sainte-Marie, située à cette embouchure, nous ont mis à même de connaître les diverses méthodes usitées pour ces sortes d'enlèvement; et nous avons la certitude que l'attaque en grand est de beaucoup la plus fréquente, et que, sans cela, on ne pourrait parvenir à rassembler pour la vente un nombre suffisant de victimes; on peut donc regarder ce mode d'enlèvement en masse comme celui qu'on emploie le plus ordinairement pour se procurer des esclaves. »

8. « Ce tableau de la chasse aux Nègres et de la traite des esclaves en Égypte peut être utile à connaître, je vais le tracer en peu de mots sous la dictée d'un officier français qui a résidé pendant dix années continues au Cordofan, au service de Méhémet-Aly, et a été chargé d'exercer les troupes du pacha à l'européenne pour les rendre plus terribles dans cette guerre par la régularité de leur discipline :

« A un aussi noble passe-temps que la chasse aux hommes, l'équipage, on le conçoit, ne saurait être trop brillant : il se compose en premier lieu de quatre cents Égyptiens et de leurs officiers turcs, tous armés à la française, portant l'uniforme des troupes du vice-roi, faisant l'exercice d'après les règles de nos ordonnances militaires, et marchant au son du tambour et de nos marches du temps de l'empire. A côté d'eux et sur les ailes, cent hommes de cavalerie légère prise parmi les Bédouins; sur les derrières, une douzaine des chefs de villages environnant la capitale, accompagnés chacun d'une vingtaine de leurs paysans et escortant les convois de vivres portés par leurs chameaux.

« A deux journées de distance de la montagne qu'on est décidé à attaquer, on reste au bivouac jusqu'à la nuit, et alors on marche dans l'obscurité pour s'arrêter de nouveau lorsque le soleil vient éclairer le pays; il semblerait que l'action qui se prépare ne peut se commettre en plein jour.

« La distance est si bien combinée qu'on arrive au but avant le jour et sans risquer de prendre le change. La pauvre gente noire dort dans une si profonde sécurité qu'il est rare qu'elle se réveille, plus rare encore qu'avertie d'avance elle se soit mise en sûreté; cependant il y a eu des exemples qu'un nègre échappé du nombre des esclaves s'est enfui pour avertir ses frères; la troupe alors cernait la montagne, mais le gibier avait délogé, toute la population s'était jetée dans les bois d'alentour, bois de ronces et de plantes épineuses, où l'on peut bien se jeter nu, mais dans lesquels une troupe bien tenue ne va pas risquer ses habits.

Le soleil d'Orient tout radieux dore déjà le sommet de la montagne et commence à éclairer ce tableau guerrier, quand une détonation avertit en même temps les blancs que leur rôle de ravisseurs commence, et les nègres qu'il s'agit de leur liberté. Jamais canon n'avait fait retentir ces parages, jamais obus n'avaient éclaté au milieu de ces rochers. Aussi quel mouvement dans cette population ainsi surprise! quel étonnement, quelle stupeur! De tous côtés, on les voit qui avancent la tête au-dessus des rochers, qui grimpent aux arbres, s'élancent de branches en branches, font briller le blanc de leurs yeux et de leurs dents, puis disparaissent pour reparaître plus loin. Les femmes emportent leurs enfants sur leurs bras et sur leur dos; elles traînent après elles les vieillards aveugles ou impotents; c'est un murmure sourd, une agitation inquiète; à distance, c'est comme une fourmilière dans laquelle on a mis le pied.

« L'attaque commence : il s'agit de s'emparer de toute une population, hommes, femmes et enfants, et d'en tuer le moins possible; car au Caire, le pacha est humain, il ne les veut que vivants. On détache quatre pelotons à la fois; ils marchent à l'assaut de la montagne, et toute la ligne soutient leur mouvement du bruit de ses coups de fusil à poudre et de ses canons tirés sans boulets; il s'agit d'augmenter l'effroi et de déconcerter la défense de ce timide troupeau. Les soldats s'avancent toujours, la baïonnette en avant, à travers les rochers et les buissons. Tout fuit, car tout a peur; mais ces fuyards reprennent bientôt courage. Savez-vous pourquoi? C'est que les meurtriers approchent de l'antre où le lion a caché ses petits.

« Les nègres ont des huttes et des cabanes au haut de la montagne : c'est là qu'ils vivent dans les temps tranquilles; mais pour se mettre à l'abri de leurs ennemis, ils se creusent des trous, de véritables terriers, au fond desquels ils cachent tout ce qu'ils ont de précieux, femmes et enfants. C'est pour défendre ce trésor qu'ils

ont repris courage : d'une main ils lancent leurs longs javelots em-
poisonnés, de l'autre ils se couvrent de leur bouclier. Mais avant
que leurs ennemis soient à la portée de leurs faibles armes, les balles des fusils de munition sont venues les atteindre. Ils prennent
un peu de terre, en frottent l'orifice de leurs blessures, croyant
s'être fait quelques écorchures, et continuent à combattre, jusqu'à
ce que, épuisés par la perte de leur sang, ils tombent morts. Tant
que le chef de la famille s'est défendu, sa femme et ses enfants ont
été près de lui à l'encourager de leurs cris, à l'assister en attaquant
l'ennemi à coups de pierres ; est-il tué, ils se rendent sans murmure.

« Les nègres n'ont d'autres moyens de se procurer de l'eau qu'en
la puisant dans les sources qui coulent au pied des montagnes. On
les prend donc par la soif, c'est-à-dire qu'on rétrécit le cordon de
troupes qui cernent la montagne à la ligne où commencent les
sources ; puis on campe tranquillement jusqu'à ce qu'il convienne
à ces malheureux de venir échanger leur liberté, leur patrie, leurs
liens de famille contre un peu d'eau qu'on leur donnera avec des
chaînes. Il paraît qu'alors la force de patience et de résignation
de la race nègre se montre dans sa plus énergique violence. De
la ligne si rapprochée des troupes, on les aperçoit qui s'efforcent
de ronger l'écorce des arbres pour en sucer quelque peu d'humi-
dité ; mais avec ce soleil brûlant et sans nourriture, le palais se
dessèche : alors les tourments sont terribles ; quelquefois ils en
prolongent le terme de huit jours ; mais, au delà, ils sont aux abois.
Le pacha peut compter alors sur la soumission de tous ceux qui
n'ont pas préféré pour eux, leurs femmes et leurs enfants, la mort
à l'esclavage. Chaque jour, et successivement, on les voit s'avancer
davantage ; comme de timides chevreuils, ils descendent de la
montagne et s'approchent des sources où ils ont l'habitude d'étan-
cher leur soif ; mais, en voyant les soldats, ils reculent : l'ardeur
brûlante de leur gosier les ramène, et l'eau qu'on leur présente
comme un appât trompeur diminue encore leur hésitation ; ils
cèdent à la tentation : des chaînes aux mains et la fourche au cou
répondent de leur soumission. Quand on suppose la montagne
suffisamment affaiblie, on envoie des pelotons qui procèdent,
comme je l'ai dit plus haut, et rabattent tout ce qui n'est pas
cadavre.

« On choisit les plus âgés, les plus faibles, ceux que les blessures ont estropiés ou défigurés, et on les distribue en forme de paye aux Bédouins qui ont fait la gaswah ; c'est-à-dire qu'on donne aux plus impitoyables les êtres qui justement demandaient le plus de soins et de ménagements. Les officiers et les soldats ont le droit de choisir dans les limites de leur paye les esclaves qu'ils désirent, et que le pacha taxe selon leur âge et leur force, si ce sont des hommes ; selon leur beauté, quand ce sont des femmes. Les troupes du pacha ainsi payées, reste le gros du butin, qu'on envoie en forme de caravane enchaînée au Dongola sur le Nil, d'où elle descend par eau jusqu'au Caire. Là l'administration compétente, d'accord avec les gens de la douane, fait rentrer les droits du fisc et enregistre les nègres au marché des esclaves, où la vente commence.

Alors toute cette grande famille est disséminée sans considération de liens antérieurs. La mère est séparée du fils, le mari de la femme. Il n'y a plus trace de la famille qui avait grandi sous les yeux de Dieu. La société est dissoute.

Voilà ce qu'autorise, ce dont profite un homme que la fortune place au niveau de nos trônes : je dirai mieux, voilà ce qu'il a organisé et ce qu'il entretient.

Le Sennaar est à lui, et de cette ville partent également chaque année quatre autres gaswah, qui ramènent aussi cinq mille esclaves ; six mille quand les années sont bonnes. Ce n'est pas assez : l'Abyssinie fournit son contingent. Chaque année, les gellabs, vendeurs d'esclaves, sont envoyés du Sennaar pour acheter les femmes que des tribus enlèvent sur l'appât de ce gain que le pacha d'Égypte leur offre, et ces femmes que le Dieu des chrétiens avait adoptées sont traînées dans tous les harems de l'Orient, qui ne leur donnent que la dégradation en échange de la patrie, de la famille, de la vraie religion. Ce n'est pas assez ; le roi du Darfour, qui n'est point soumis au pacha, et qui garderait sa population, si quelqu'un n'était là pour la lui acheter, exporte chaque année huit à neuf mille esclaves, dont un quart meurt dans les fatigues d'une marche impitoyable à travers le désert. Cette grande caravane est approvisionnée seulement pour le nombre de jours rigoureusement nécessaire ; il faut que l'escorte fasse avancer tout ce monde et gagne la plaine ou la montagne fixée pour la halte du soir. Dans cette navigation au milieu des sables, on voit les malheureux naufragés qu'on laisse en arrière supplier et se tordre les bras; ils ne demandent qu'une journée de repos, et ils montrent à quelques pas de là la seule escorte qui consente à les attendre, les hyènes et les chacals. Le chef de la troupe est sourd à tous les cris; il est cruel par humanité: le sort de la caravane dépendrait d'un retard; le retard ne s'accorde jamais; et quand, à quelques jours de là, voyageur monté sur d'agiles dromadaires, je traversai rapidement le même désert, c'est par les carcasses humaines nouvellement dépecées que j'ai trouvé mon chemin, et que le soir j'ai reconnu ma halte (*)! »

## II. *Marche à la côte.*

1. Le major Gray, ayant rencontré, dans le cours de son voyage, un convoi d'esclaves, donne à ce sujet les détails suivants : « Les femmes et les enfants, tous presque entièrement nus et chargés de lourds fardeaux, étaient attachés ensemble par le cou; on les forçait d'avancer sur un chemin jonché de cailloux qui leur coupaient les pieds d'une manière affreuse. Comme un grand nombre d'enfants ne pouvaient suivre à pied, à cause de la faiblesse de leur âge, les uns étaient portés sur les épaules des autres esclaves, d'autres étaient en croupe derrière les capteurs, qui, pour les empêcher de tomber, les attachaient à la partie postérieure de leurs selles avec des cordes faites d'écorce, sorte de corde si dure, que ces pauvres petits innocents en avaient le dos et les flancs coupés, et que le sang en coulait. Ce n'était là cependant que la moindre souffrance de ces malheureux enfants, si on la compare aux écorchures horribles ou plutôt aux plaies que leur faisaient au siége les secousses et le frottement continuel du dos du cheval sur lequel on les posait à cru, dont le pas le plus ordinaire était le trot ou l'amble, et que l'on poussait quelquefois au grand galop l'espace de quelques toises pour l'arrêter ensuite brusquement **. »

2. « Les enfants, dit Lyon, en parlant de la route du désert, sont jetés avec le bagage sur les chameaux, quand ils ne sont pas en

---

* Chasse aux Nègres, par Léon de la Borde, 1838.
** Voyage de Gray en Afrique.

état de marcher ; mais s'ils ont seulement cinq ou six ans, on force ces pauvres petites créatures à trotter tout le jour ; même, comme je l'ai souvent remarqué, quand on faisait des traites de quatorze et de quinze heures. Leur nourriture ordinaire consiste en une petite mesure de dattes le matin, et, le soir, une demi-pinte de bouillie. Il y a des maîtres qui ne permettent jamais à leurs esclaves de boire après leur repas, si l'on ne se trouve positivement près d'un des lieux où l'on a coutume de les faire boire. Aucun propriétaire ne marche sans son fouet, dont il fait un usage continuel. Boire trop d'eau, apporter une trop petite charge de bois, ou s'endormir avant que la cuisine soit finie, c'étaient là autant de crimes presque capitaux, et ces pauvres gens avaient beau chercher à s'excuser, en disant qu'ils étaient excédés de fatigue, rien ne pouvait les sauver du terrible fouet. Il n'y a pas un esclave qui ose être malade, ou se dire hors d'état de marcher ; et lorsque le malheureux malade vient à mourir, le maître soupçonne qu'il avait quelque chose de dérangé *en dedans*, et se reproche de ne lui avoir pas *largement* appliqué le remède *courant*, qui consiste à brûler le ventre avec un fer rouge ; c'est ainsi qu'ils rassurent leur conscience, pour la manière cruelle dont ils traitent ces infortunés. »

3. Burckhardt, dans son journal (1814), en parlant d'une caravane qu'il accompagnait, dit qu'on n'entendait d'autre bruit que les gémissements de quelques femmes malades et les coups de fouet de leurs cruels maîtres.

4. « Si les centaines, ou plutôt les milliers de squelettes, dit, en 1824, le major Denham, qui blanchissent la terre, entre Koula et Moorzouk, n'étaient pas comme autant de voix qui racontent cette lamentable histoire, la différence qui se trouve entre l'état de tous les esclaves qui sont ici (au Soudan) et celui dans lequel ils arrivent ordinairement au Fezzan, ne prouverait que trop clairement les horribles souffrances qui commencent pour eux au moment où ils quittent leur pays. » « Au puits de Meshrou, dit-il, nous trouvâmes le sol jonché de plus de cent squelettes. » « Un de nos compagnons de voyage, ajoute-t-il, compta sur un espace de chemin de vingt-six milles, cent sept de ces squelettes. » « Dans chacun des deux derniers jours, dit-il encore, nous rencontrâmes de soixante à soixante-dix et quatre-vingts squelettes ; mais il eût été trop long de compter ceux qui gisaient autour du puits d'El Hammar. »

5. Lander, dans son journal, décrit presque dans les mêmes termes les souffrances que les esclaves ont à endurer dans leur marche à la côte. Dans une seule occasion, en parlant d'une troupe de cinquante de ces infortunés, qu'il avait vus avec de lourds fardeaux sur leurs têtes, il dit que deux jours après la troupe tout entière manquait, et les recherches que l'on fit apprirent qu'ils avaient péri d'excès de fatigue et faute d'eau.

6. Ces détails sont confirmés par Caillé [*], qui rapporte ce qui suit dans un endroit de son voyage : « Notre situation était toujours la même ; le vent d'est soufflait avec violence, et loin de nous procurer quelque rafraîchissement, ne servait qu'à soulever des montagnes de sable, sous lesquelles il menaçait de nous ensevelir ; et ce qui nous inquiétait le plus, c'était de voir la diminution rapide de notre eau, en raison de l'excessive évaporation que ce vent occasionnait. Personne n'éprouvait plus vivement le tourment de la soif que les pauvres petits esclaves, qui demandaient de l'eau à grands cris. Épuisés par la souffrance, et aussi à force de crier, ces infortunées créatures tombaient sur la terre, et paraissaient n'avoir plus la force de se relever ; mais leurs maîtres ne leur permettaient pas de rester là longtemps et de retarder ainsi leur marche. Insensibles à des souffrances que l'enfance est si peu en état de supporter, les barbares les entraînaient avec la violence la plus brutale, ne cessant de les battre jusqu'à ce qu'ils eussent atteint les chameaux, qui étaient déjà à une assez grande distance. »

### III. *Détention à la côte avant l'embarquement.*

1. « Nous eûmes occasion, dit le commodore Owen, dans son voyage à Benguéla, en 1825, de voir un convoi d'esclaves des deux sexes enchaînés les uns aux autres par couples. Une centaine environ de ces pauvres gens arrivaient d'un point de l'intérieur fort éloigné. Plusieurs étaient réduits à l'état de squelettes, et étaient en proie à toutes les souffrances que peuvent occasionner la fatigue et le besoin ; on en voyait à qui leurs fers, par un continuel frottement, avaient déchiré, percé la chair, et mis les os à nu, et leurs plaies en suppuration étaient devenues les nids de myriades de mouches,

* Voyage de Caillé à Tombouctou.

qui avaient déposé leurs œufs dans les cavités ou la gangrène avait commencé à se mettre. »

2. Lander, dans son journal, décrit ainsi la visite d'une troupe de nègres amenés à Badagry : « Le roi les fait passer en revue; on met à part soigneusement les malades, les vieillards et les estropiés, et on les enferme enchaînés dans le magasin d'une des factoreries. Lors de mon séjour à Badagry, il y avait cinq de ces magasins qui renfermaient plus de mille esclaves des deux sexes. Le lendemain, on lie les bras à la plupart de ces pauvres malheureux et on les porte sur les bords de la rivière; là on leur attache au cou quelque objet pesant, on les mène dans des canots jusqu'au milieu du courant, et on les lance à l'eau, d'où l'on est sûr qu'ils ne pourront pas se tirer. »

3. M. Léonard nous apprend que, « vers 1830, le roi de Loango dit aux officiers du *Primrose* qu'il était à même de charger huit bâtiments négriers par semaine, à quatre ou cinq cents nègres par bâtiments; mais que, ne trouvant pas de débouché pour la plus grande partie de ses prisonniers, il était dans la nécessité de les tuer. Ainsi, quelque temps avant l'arrivée du *Primrose*, un grand nombre de ces infortunés avaient été pris dans une incursion; d'abord, on les avait employés à porter à la côte l'ivoire et les autres marchandises qui composaient le butin; mais comme on ne trouvait pas à les vendre, et qu'on n'aurait pu les nourrir sans des frais considérables, on les mena au pied d'une colline, un peu au delà de la ville, et là, de sang-froid, on les assomma à coups de massue sur la tête *. »

4. « Le fait que je vais raconter, dit le capitaine Cook **, est arrivé au mois d'août 1837 ; j'en ai été témoin moi-même, ainsi que plusieurs autres personnes dont je suis prêt, si on l'exige, à fournir le témoignage. Des esclaves, au nombre d'environ deux cent cinquante, hommes et femmes, enfants et adultes, avaient été amenés dans des canots, de Senna, établissement portugais, à quelque distance dans l'intérieur de l'Afrique, pour être vendus à Quilimana, où se trouvaient alors plusieurs négriers mouillés dans la rivière. Ces infortunés furent mis sous la garde d'un employé civil du gouverne-

---

* Voyage de Léonard dans l'Afrique occidentale.
** Lettre au journal *le Standard*, du 16 juin 1838.

ment portugais; c'était le receveur de la douane. Ces pauvres créatures venaient d'un canton de l'Afrique dont les naturels passent pour faire de mauvais esclaves, et, comme il y avait abondance de chair humaine dans le marché, on ne trouva pas tout de suite à s'en défaire. Le misérable à qui on les avait consignés refusait absolument de leur donner aucune espèce de nourriture. Mes yeux ont donc été plus d'une fois témoins du spectacle déchirant d'une douzaine, d'une vingtaine de nos semblables attachés les uns aux autres, par le cou, sans distinction d'âge ni de sexe, au moyen d'une chaîne de fer, errant dans la ville, implorant de quoi satisfaire la faim qui les tourmentait, ramassant des os, des tripes d'animaux, et des immondices de toute espèce sur les tas d'ordures, des limaçons dans les champs, des grenouilles dans les fossés, et, lorsque la marée se retirait, recueillant les coquillages que la mer avait laissés sur le bord de la rivière, ou bien encore assis autour d'un feu où ils faisaient cuire des algues, qu'ils dévoraient avec toute l'avidité de la faim. »

IV. *Passage d'Afrique au lieu de la vente.*

1. Dans le rapport fait à l'institution africaine, pour 1820, se trouve le récit suivant : «Le capitaine Kelly, commandant le vaisseau de Sa Majesté, le *Faisan*, captura le 30 janvier 1819, la goëlette portugaise le *Novo Felicidade*, appartenant à l'île du Prince, et ayant à bord soixante-onze esclaves ; l'équipage se composait du capitaine et de dix matelots. Ce bâtiment n'était que de onze tonneaux. Il fut conduit par le capitaine Kelly à Sierra-Leone, pour y être vendu, et la déclaration judiciaire de l'officier anglais contient ce qui suit :

« Je déclare en outre que l'état dans lequel j'ai trouvé ces infortunées créatures révolte tous les principes de l'humanité ; dix-sept hommes enchaînés deux à deux par les jambes et vingt enfants étaient entassés les uns sur les autres à fond de cale, c'est-à-dire dans un espace de dix-huit pieds en longueur, de sept pieds huit pouces dans sa plus grande largeur, et d'un pied huit pouces en hauteur. »

2. Le docteur Walsh, dans son ouvrage sur le Brésil *, fait un

---

* Notices of Brazil, Londres, 1830.

tableau très-animé de l'état d'un négrier espagnol, arrêté en mer par le vaisseau de guerre à bord duquel il revint du Brésil, en 1829. « Quand nous montâmes sur le pont de ce bâtiment, dit-il, nous le trouvâmes rempli d'esclaves; il en avait chargé cinq cent soixante-deux, et en dix-sept jours de route, il en avait perdu cinquante-cinq. Tous les esclaves étaient enfermés dans les entre-ponts, sous des écoutilles grillées. Cet espace était si bas qu'ils étaient obligés de s'y tenir assis entre les jambes les uns des autres, et tellement serrés qu'il leur était impossible de se coucher, ou seulement de changer de position, ni le jour ni la nuit. Comme ils appartenaient à divers individus, on les avait tous marqués comme des moutons, les uns aux bras, les autres à la poitrine ; et à ce sujet, le second nous dit, avec la plus parfaite tranquillité, comme une chose toute simple, que ces marques de formes différentes leur avaient été appliquées *avec un fer rouge.*

« On fit monter ces pauvres gens tous ensemble. On les vit arriver comme des abeilles dont les essaims s'échappent par la porte d'une ruche, jusqu'à ce que le pont tout entier, de l'avant à l'arrière, en fut encombré. En visitant les endroits où ils avaient été ainsi entassés, on trouva quelques enfants tout près des parois du bâtiment. Ces pauvres petites créatures paraissaient indifférentes à la vie et à la mort, et quand on les eut apportés sur le pont, il y en eut plusieurs qui ne purent se tenir sur leurs jambes. On fit apporter de l'eau, et ce fut alors que l'on put juger jusqu'à quel point ils avaient dû souffrir. Tous se précipitèrent comme des frénétiques vers cette eau dont ils étaient privés depuis si longtemps. Ni prières, ni menaces, ni coups ne pouvaient les retenir ; c'étaient des cris forcenés, une lutte, un combat à qui obtiendrait le premier quelques gouttes du précieux liquide, comme si cette vue leur eût donné une sorte de rage. Quelquefois on a coutume d'employer comme lest des barriques remplies d'eau de mer, et lorsqu'on prend des esclaves à bord, on vide ces barriques et on remplace l'eau de mer par de l'eau douce. Il arriva une fois à bord d'un bâtiment de Bahia qu'on oublia de changer le contenu des barriques, et au milieu de la traversée, on s'aperçut avec horreur qu'elles ne contenaient que de l'eau salée; les esclaves qui s'y trouvaient périrent jusqu'au dernier ! Par ce qui se passait alors sous nos yeux, il nous fut aisé d'imaginer les souffrances de ces malheureux. Lorsqu'on les fit redescendre dans l'autre pont, plusieurs, à l'idée seule de rentrer dans ce lieu d'horreur, embrassaient nos genoux, qu'ils pressaient de leurs têtes, avec des regards où se peignait le plus affreux désespoir. Il n'était pas surprenant qu'ils eussent perdu cinquante-cinq d'entre eux, dans le court espace de dix-sept jours. Un grand nombre des survivants étaient couchés çà et là sur le pont, dans le dernier degré de l'amaigrissement, et dans un état de saleté et de misère qu'on ne pouvait voir sans en détourner les yeux.

« Comme j'exprimais toute l'horreur que j'éprouvais à ce spectacle, comme je m'écriais contre l'état où était ce bâtiment, un de mes amis qui avait passé plusieurs années sur la côte d'Afrique, et avait eu l'occasion de visiter un grand nombre de bâtiments négriers, m'apprit que celui-là était encore un des meilleurs qu'il eût vus. Quelquefois l'intervalle entre les ponts n'est que de dix-huit pouces, de sorte que ces pauvres gens ne peuvent se retourner, ni même changer de côté, ni presque remuer; ils sont d'ailleurs le plus ordinairement enchaînés par le cou et par les jambes. Après une longue délibération, il fut décidé qu'on laisserait cet infernal bâtiment continuer son voyage.

« Il était nuit quand nous nous en séparâmes; et les derniers sons qui nous parvinrent du fond de ce vaisseau impie furent les cris, ou plutôt les hurlements de ceux des esclaves qui souffraient de quelque maladie ou de quelque plaie; tels furent les adieux de ces infortunés. »

3. Le 25 avril 1831, le brick le *Black-Joke*, en croisant à la hauteur du Vieux-Calabar, rencontra un brick espagnol dont il s'empara après la résistance la plus opiniâtre : c'était le *Marinerito*, brick espagnol, très-beau bâtiment neuf de plus de trois cents tonneaux, armé d'un long canon à pivot de dix-huit, et de quatre pièces de batterie du même calibre. Il y avait à bord douze officiers et soixante-cinq hommes; quinze furent tués ou noyés, plusieurs blessés, dont quelques-uns grièvement. On trouva à bord quatre cent quatre-vingt-seize esclaves; et, chose horrible à dire, en ouvrant les écoutilles, ce que l'on fit pourtant au moment même où l'on fut maître de ce bâtiment, on en trouva vingt-six morts, soit

par la privation d'air, en raison de la nécessité où leurs maîtres s'étaient vus de les faire descendre à fond de cale pendant l'action, soit aussi par l'effroi que leur avait causé le bruit de l'artillerie. Quant aux autres, cent sept étaient dans un tel état, faute d'avoir pu respirer pendant qu'ils étaient renfermés dans la cale, qu'on jugea urgent de les envoyer à terre, à Fernando-Po, seule chance qu'on eût de les sauver; mais il en mourut une soixantaine, enfin le reste fut définitivement débarqué à Sierra Leone.

« Tous ces esclaves montrèrent la plus grande joie de se voir ainsi délivrés, et, quand on leur ôta leurs fers, ils exprimèrent leur reconnaissance de la manière la plus énergique et la plus agréable. Si les Espagnols leur avaient donné cette liberté, nul doute que ce n'eût été le signal du massacre général de leurs oppresseurs. Les pauvres créatures se mirent à chanter une chanson par laquelle ils témoignaient leurs sentiments de gratitude pour les Anglais; et, par leur docilité, par leur empressement à s'utiliser, ils rendirent le voyage à Sierra Leone facile et agréable pour les officiers et les marins qui s'étaient chargés d'eux. » *United service Journal*, 1832.

4. « Le 8 septembre 1831, le brick *Black-Joke* accosta un négrier français, et apprit qu'il y avait dans la rivière Bonny, près de l'anse de Biafra, deux bricks espagnols prêts à prendre des esclaves; l'un armé de huit pièces de canon, autrefois bâtiment de guerre de seize canons, et l'autre portant plusieurs pièces en batterie et une sur pivot. On nous dit qu'ils devaient mettre à la voile de conserve, afin de pouvoir se trouver de force à lutter avec le *Black-Joke*, qu'ils soupçonnaient être en croisière dans les environs. Le lendemain, le *Black-Joke* fut rejoint par la *Belle-Rosamonde*, qui accompagnait la *Dryade*, commandée par le lieutenant Huntley. Les officiers récompensaient l'homme qui le premier découvrait une prise, et le commodore de la station donnait un dollar pour cent sur les esclaves capturés. Les Kroomen, qui ont la vue perçante, étaient généralement les premiers à donner la nouvelle. Aussi, à huit heures et demie du matin, le 10, comme nos deux croiseurs étaient à l'ancre pour garder leur station, à environ vingt milles de la rivière, un des Kroomen, perché au haut du mât de la *Belle-Rosamonde*, poussa le cri de: *Voile! voile!*

« Sur les neuf heures et demie, l'ennemi mouilla tout près de la barre extérieure de la Bonny; à l'instant même, les alléges levèrent l'ancre et forcèrent de voiles pour l'atteindre, la *Belle-Rosamonde* étant en avant d'un demi-mille. On entre dans la rivière; nous gagnons l'ennemi de vitesse; la *Belle-Rosamonde* est encore à un quart de mille en avant de notre autre bâtiment, et à environ un mille et quart en arrière des Espagnols. On atteint alors la rivière qui se jette dans la Bonny : les négriers orientent leurs voiles et la remontent. C'est alors qu'un horrible spectacle s'offre à nos regards : les Espagnols jetant leurs esclaves à l'eau, garrottés deux à deux, et un grand nombre de petits requins, dont ces rivières sont infestées, attaquant ces victimes sans défense; presque tous, ainsi embarrassés et blessés, périssent en quelques minutes. Quelques-uns seulement parviennent à atteindre le rivage, et d'autres y sont portés dans des canots; mais les hurlements des hommes qui se noient, et la lutte des requins se disputant les corps des morts et des mourants, forment une scène si déchirante que la plume échappe à la main de celui qui entreprend de la décrire*.

« Les chaloupes furent envoyées sur-le-champ pour tâcher de sauver quelques-uns des pauvres nègres ; mais elles n'en purent recueillir que deux avec leurs crocs, au moment même où ils allaient disparaître. Cependant le plus fort des deux négriers échoua, sur quoi, la *Belle-Rosamonde*, sûre qu'on ne le perdrait pas de vue, s'élança sur l'autre ; et le *Black-Joke* survenant, aborda le premier pour empêcher qu'on ne jetât d'autres nègres à l'eau. Il en prit possession sans éprouver de résistance, car la plupart des Espagnols, persuadés que nous ne manquerions pas de tirer vengeance de leur inhumanité, sautèrent d'eux-mêmes dans la rivière, au moment où nos gens montèrent à leur bord, et plusieurs eurent le sort qu'ils avaient fait subir à tant de malheureux noirs. Le bâtiment capturé se trouva être le brick espagnol le *Régulus*, ayant encore à bord deux cent vingt esclaves, de quatre cent soixante qu'il avait pris le matin même. Il était percé pour seize canons, mais n'en

---

* Le capitaine d'un bâtiment qui se trouvait là pour charger de l'huile de palme, et avait été témoin de cette épouvantable scène, ayant touché à Fernando-Po un mois après, rapporte que passant près de la côte où ces malheureux esclaves avaient été noyés, il avait compté plus de cent cadavres, attachés deux à deux, et exhalant une horrible puanteur.

avait que huit montés, avec cinquante-six hommes d'équipage.

« La *Belle-Rosamonde,* de son côté, fut bientôt arrivée sur son antagoniste et s'en empara de la même manière. C'était le brick espagnol le *Rapide*, ayant cinq canons et cinquante hommes; il était parti le matin avec quatre cent cinquante nègres ; IL VENAIT DE SE DÉBARRASSER DE TOUTE SA CARGAISON ! ! mais heureusement les deux infortunés qu'on avait repêchés et qui étaient alors à bord du *Black-Joke*, avaient été embarqués sur le *Rapide*, et suffisaient pour motiver la condamnation. Lorsqu'ils arrivèrent à Sierra Leone, ils firent une déposition si claire et si précise, et en soutinrent la vérité avec tant de fermeté, malgré les offres considérables que leur fit la partie adverse, que le tribunal ne put se dispenser de condamner le *Rapide,* aussi bien que le *Régulus.* Ces deux pauvres créatures avaient quelque chose de si aimable et de si bon dans leurs manières et sur leur physionomie, qu'il fallait que ceux qui les avaient jetés dans la rivière, fussent de vrais monstres. A peine avaient-ils passé quelques heures sur notre bord, qu'ils cherchèrent à se rendre utiles ; et leurs yeux étant tombés sur deux balais, ils s'en emparèrent sans qu'on le leur dît, et ils se mirent à balayer le pont. Nos matelots, qu'on trouve toujours disposés à secourir le malheur, leur donnèrent des vêtements, les consolèrent de leur mieux, et ne les virent pas partir sans les plus vifs regrets. La promptitude avec laquelle ils se mirent au fait de nos usages est vraiment extraordinaire, surtout si l'on considère que, suivant toutes les probabilités, ils venaient de l'intérieur de l'Afrique; ce qui l'indiquait assez, c'est que personne à la Bonny ne savait où l'on pouvait les avoir enlevés, et n'entendait leur langue. Une autre petite circonstance de leur conduite peut être citée comme une preuve touchante de la chaleur de leur reconnaissance; comme ils n'avaient pas été longtemps sans découvrir quel était celui qui commandait le bâtiment, il fallait absolument qu'ils lui baisassent la main toutes les fois qu'il paraissait sur le pont; puis ils reprenaient gaiement leur travail, car jamais ils n'étaient à rien faire.

« Mais revenons au *Régulus.* Notre chirurgien, suivant la coutume, fit la visite des esclaves qu'on y avait capturés, et déclara, dans son rapport, que trois d'entre eux étaient grièvement malades de la petite vérole; ajoutant, que si on ne les débarquait pas, non-seulement tous les autres, mais beaucoup de nos gens gagneraient cette fatale maladie, doublement dangereuse sous les tropiques. En conséquence, il fut ordonné qu'on leur ôterait sur-le-champ leurs fers, et qu'on les enverrait à terre. Mais une autre circonstance des plus tristes suivit cette séparation ; aucun des paysans ne voulut les recevoir, de peur de la contagion, et, vers minuit, ils se traînèrent vers les marais en face desquels les bâtiments étaient mouillés ; et ils devaient en effet cruellement souffrir, lorsque, avec des cris déchirants et dans un idiome que nous ne comprenions pas, ils nous suppliaient de les reprendre. Cependant, cela nous était impossible, et il nous fallut entendre toute la nuit des cris qui nous déchiraient ; hélas ! le matin nous ne les entendîmes plus, et nous ne pûmes savoir ce qu'ils étaient devenus ; la mort, nous le craignons, la mort seule fut le terme de leur misère. » *United service journal*, 1833, part. 1, p. 505.

5. « La *Jeune-Estelle*, étant poursuivie par un croiseur anglais, enferma douze nègres dans des barriques, et les lança dans la mer. En 1831, le *Black-Joke* et la *Belle-Rosamonde* surprirent l'*Hercule* et le *Régulus*, deux négriers, à la hauteur de la rivière Bonny. A l'aspect des croiseurs, ils cherchèrent à regagner le port ; mais avant d'être capturés, ils se défirent, en les noyant, de plus de cinq cents créatures humaines. Comme la rivière est remplie de requins, leur passage était à la lettre marqué par une longue trace de sang. Le négrier, non-seulement prend cette horrible précaution, mais s'en fait gloire. Voici les premières paroles qui sortirent de la bouche du capitaine de la *Marie-Isabelle*, capturée par le lieutenant Rose : « Si j'avais aperçu le bâtiment de guerre une heure « plus tôt seulement, *j'aurais fait jeter à la mer jusqu'au dernier* « *des esclaves que j'avais à bord ;* car j'étais assuré ! »

6. Le capitaine Hayes, de la marine royale, donne les détails suivants sur un négrier ayant à bord une cargaison considérable d'esclaves enchaînés les uns aux autres : « Le commandant de ce négrier, un peu plus humain apparemment que ses infâmes confrères, permit à quelques esclaves de venir sur le pont, toujours enchaînés, pour y prendre l'air, lorsque, tout à coup, ils commencèrent à se lancer dans la mer, en se tenant par la main, et se noyèrent ainsi deux à deux. On venait, ajoute-t-il pour expliquer

cette circonstance, on venait de les tirer de la place qu'ils occupaient dans la cale, et ils savaient qu'ils allaient être forcés d'y retourner; de rentrer là où ils s'inondaient les uns les autres d'une sueur brûlante, où ils étaient couverts de leurs ordures, et où il n'est pas rare de voir des femmes accoucher à côté de malheureux qui rendent le dernier soupir, ayant sous leurs yeux des hommes enchaînés l'un à l'autre, le vivant avec le mort; là où ceux qui vivent, indépendamment des autres tortures auxquelles ils sont en proie, souffrent les horreurs d'une soif intolérable; car dans beaucoup de cas, on ne leur accorde pas plus d'une pinte d'eau par jour. J'ai maintenant, dit-il encore, à bord de la *Dryade*, un officier qui, en visitant un de ces bâtiments, trouva non-seulement des hommes vivants enchaînés avec des cadavres, mais encore ces derniers en état de putréfaction : et j'ai maintenant connaissance d'un fait qui, s'il est vrai, est trop épouvantable et trop dégoûtant pour être décrit (*). »

7. Une lettre du capitaine Wamhope contient la relation de la capture du brick portugais le *Félix*, ayant à bord cinq cent quatre-vingt-dix esclaves, par la *Thalie*, le 18 septembre 1836. « Après la capture, dit-il, je me rendis à bord, et il ne me serait pas facile de donner une description exacte de la scène d'horreur qui frappa mes regards. La grande chaloupe et l'arrière du pont étaient encombrés de petits enfants malades; quelques-uns de ces pauvres petits êtres étaient remarquables par leur jolie figure; d'autres étaient couverts de marques et de figures de tatouage; hélas! leurs malheureux parents s'étaient donné une peine bien inutile pour les parer, pour les rendre plus beaux.

« On avait entassé les femmes dans l'entrepont, du côté de l'arrière; elles étaient dans une nudité complète; on ne les avait point enfermées, et l'écoutille, très-petite, avait été enlevée. Mais le quartier des hommes était horrible à voir; les malheureux étaient enchaînés par couples, respirant à peine, et cherchant à atteindre les barreaux des écoutilles, au milieu d'un nuage de vapeur infecte qui ne permettait pas de regarder au fond de ce cloaque. On a besoin des plus grandes précautions la première fois qu'on leur

---

* Documents fournis au parlement britannique, classe B. 1831.

permet de monter sur le pont, car il est assez ordinaire de les voir sauter par-dessus le bord, pour mettre fin à leurs souffrances.

« Ce pont des esclaves n'avait pas plus de trois pieds six pouces de haut, et c'était là que des créatures humaines avaient été arrimées ou plutôt entassées le plus serré possible; plusieurs paraissaient fort malades. On ne pouvait pénétrer dans la chambre des esclaves que par l'écoutille, et l'on m'a dit, lorsqu'on les eut fait monter tous sur le pont pour les compter, qu'il était impossible à qui que ce fût de rester seulement une minute dans le lieu qu'ils venaient de quitter, tant la puanteur y était insupportable. La couleur de ces pauvres créatures était d'un jaune foncé sale, bien différente du beau noir luisant de nos Kroomen et de nos Africains libérés. On me montra un homme couvert de morsures et de meurtrissures; il les avait reçues dans une lutte, près des barreaux des écoutilles, où l'on s'était disputé l'avantage d'un peu d'air frais. »

8. « Au lieu de bâtiments spacieux et commodes, dit Laird, qu'il serait dans l'intérêt des marchands d'esclaves d'employer, nous les avons mis, par la guerre que nous leur faisons, dans la nécessité de se servir d'une espèce de bâtiment bien connu des marins sous le nom d'*american clippers*, précisément les pires qu'on pût imaginer pour ce service, tout y étant sacrifié à la célérité. On est obligé, littéralement parlant, d'y entasser les unes sur les autres les malheureuses victimes de la cupidité des Européens. »

9. Nous lisons dans une lettre du cap de Bonne-Espérance, 20 janvier 1837, que le brick de S. M., le *Dauphin*, a capturé tout récemment la corvette l'*Incompréhensible*, et qu'au moment où l'on en prit possession, ce bâtiment offrait la scène la plus déchirante qu'on puisse imaginer. Cent esclaves étaient morts de maladie sur huit cents qu'on y avait embarqués; cent autres étaient couchés sur les ponts, presque morts, dans le plus affreux état de souffrance et de misère, et dans l'agonie du désespoir. Les six cents restants, par suite de la gêne où ils s'étaient trouvés, ayant été entassés et serrés comme des harengs dans un baril, par suite de la longueur du voyage et du froid qu'ils avaient souffert, étant absolument nus en doublant le Cap, étaient réduits à un tel état de faiblesse, qu'il fallut

les plus grands efforts, de la part des matelots anglais, secondés cependant par la chaleur d'un soleil vivifiant, pour les mettre sur leurs jambes *. »

10. Une lettre du colonel Nicolls, aux îles Bahama, en date du 1er août 1837, rapporte que *l'Esperanza*, négrier espagnol, ayant fait naufrage sur la côte d'une de ces îles, dans le cours du mois précédent, on acquit la certitude que ce bâtiment avait pris trois cent vingt nègres sur la côte d'Afrique, et que deux cent vingt seulement furent mis à terre, au moment du naufrage. Il paraît que dans le cours du voyage, soixante à soixante-dix assassinats avaient été commis sur les malheureux Africains sans défense; voici comment : toutes les fois qu'un pauvre esclave refusait de prendre sa nourriture ou tombait malade, le second du maître d'équipage, armé d'une pesante massue, lui en assenait un coup sur la nuque ; il tombait, et on le lançait à la mer **.

11. Dans une dépêche adressée à l'amirauté, au sujet de la traite sur la côte orientale de l'Afrique, en 1823, le capitaine Owen dit que « les armateurs des bâtiments employés à cet infâme trafic croyent avoir fait un excellent voyage lorsqu'ils conservent seulement un tiers des nègres pris à bord. Quelques bâtiments sont assez heureux pour amener en vie une moitié de leur cargaison. »

12. Le capitaine Cook, dans une autre dépêche relative à la traite sur la côte Est, dit que « s'ils ont mauvais temps, en doublant le Cap, les esclaves ont à endurer des souffrances impossibles à dé·crire : il y a des circonstances où l'on sacrifie une moitié de la cargaison. La perte s'éleva même aux deux tiers, pour le *Napoléon*, venant de Quilimana. Des capitaines et des subrécargues d'autres négriers m'ont assuré que leur voyage était bon, lors même qu'ils perdaient cinquante nègres sur cent, et que cela même n'avait rien d'extraordinaire ***. »

* Lettre d'un correspondant du *Times*.

** Lettre communiquée à Buxton, par le frère du colonel Nicolls.

*** Documents fournis au parlement britannique.

### V. *La perte après la capture et le débarquement.*

1. *État exact des Nègres morts sur dix-sept bâtiments de traite.*

| NOMS DES BATIMENTS. | PAVILLON. | NÈGRES à BORD. | MORTS avant LA VENTE. |
|---|---|---|---|
| L'Emélia.............. | Espagnol... | 282 | 107 |
| L'Invincival............ | Portugais... | 440 | 190 |
| La Clementina............ | Brésilien.... | 471 | 115 |
| La Cérès............... | Id..... | 279 | 151 |
| L'Arcenia............ | Id..... | 448 | 179 |
| La Mensageira.......... | Id..... | 353 | 109 |
| Le Midas.............. | Espagnol... | 562 | 281 |
| La Constantia........... | Id..... | 438 | 308 |
| La Fama de Cadix........ | Id..... | 980 | 680 |
| La Christina........... | Id..... | 348 | 132 |
| La Tentadora............ | Brésilien... | 432 | 112 |
| L'Umbellina............ | Id..... | 377 | 214 |
| Le Formidable........... | Espagnol... | 712 | 304 |
| Le Sutil............... | Id..... | 335 | 124 |
| La Minerva............ | Id..... | 725 | 208 |
| Le Marte.............. | Id..... | 600 | 197 |
| La Deligencia........... | Id..... | 210 | 90 |
| | | 7992 | 3561 |

D'où il résulte une perte moyenne, en hommes, de quarante-quatre pour cent.

2. L'affaire du bâtiment portugais *l'Uniao* fait voir qu'outre cent douze nègres, sur trois cent soixante, qui moururent avant l'émancipation, trente-cinq autres moururent postérieurement, mais avant qu'il eût été possible de les enregistrer, et cela par suite du

misérable état auquel ils avaient été réduits par la dyssenterie
et la petite vérole.

3. « Dans le rapport général sur les Africains libérés, il est dit, en
parlant des mêmes esclaves, que le nombre total de ceux qui moururent de la petite vérole, après le débarquement, fut de cinquante-
cinq, dont quarante hommes, cinq femmes, huit jeunes garçons et
deux filles. Et les rapports des villages de Léopold et de Waterloo
prouvent que ce n'est pas là un fait isolé. D'après le premier, il
paraît que sur soixante-treize enfants reçus à Léopold en 1822,
cinquante-quatre moururent dans l'année; et que sur deux cent
quarante-trois reçus en 1825, cinquante-huit moururent dans la
même année, mortalité que le rapport attribue à l'état de débilité
et d'épuisement dans lequel on les avait pris à bord des négriers.

« Par le rapport du village de Waterloo, il paraît que sur deux
cent vingt et un nègres d'âges différents, reçus en 1822, soixante-
douze moururent dans la même année, savoir vingt-six hommes,
six femmes, et quarante enfants : il est dit, dans une note explica-
tive, que ces décès ne doivent être attribués à aucune cause lo-
cale, mais à l'affreux état de maigreur où étaient les hommes, les
femmes et les enfants, quand on les envoya au village, avec une
dyssenterie qui résista à tous les remèdes.

« Ces faits sont de plus corroborés par M. Reffell, intendant en
chef, dans sa réponse aux questions à lui adressées, ainsi que par
M. Cole, son adjoint, dans sa déposition : l'un et l'autre pensent,
que même à bord des bâtiments où il n'a régné aucune maladie
contagieuse, il y a, terme moyen, une bonne moitié des nègres
qui arrivent dans un état de maladie, de débilité et d'épuisement. »
( *Rapport des commissaires de Sierra Leone* ).

4. Dans une lettre de la Havane, datée de 1838, se trouvent les
détails ci-après : « Quand la fraîcheur du soir commença à se faire
sentir, nous allâmes visiter le bazar. Une cargaison récemment
importée, composée de deux cent vingt créatures humaines, y
était exposée en vente. Ces malheureux étaient accroupis en rond
autour d'une grande pièce, et pendant plus d'une heure que nous y
passâmes, pas un seul mot ne fut proféré par aucun d'eux. Quand
nous entrâmes dans la chambre, tous les yeux se tournèrent sur
nous, comme si chacun d'eux eût voulu lire son sort sur notre

visage : ils étaient tous presque nus, n'ayant pour tout vêtement qu'une légère chemise, avec une marque près du cou. A peu d'exceptions près, ils n'avaient que la peau et les os, et étaient beaucoup trop faibles pour se tenir debout ; aussi étaient-ils par terre, le dos appuyé contre la muraille. Quand il venait un chaland, on leur commandait de se lever, ce qu'ils faisaient, mais avec une peine extrême ; il y en avait dans le nombre qui étaient vieux et grisonnants : mais la majeure partie se composait d'enfants, de dix à treize ou quinze ans. Quand ils étaient debout, leurs jambes paraissaient aussi menues que des roseaux, et à peine capables de supporter ces espèces de squeléttes. Le gardien nous dit qu'ils étaient de différentes tribus et qu'ils ne s'entendaient pas entre eux ; nous pouvions nous en apercevoir aux différentes formes de leurs têtes. Pendant que nous étions là, on en mit cinq à part, petits garçons et petites filles, qui étaient achetés pour aller dans l'intérieur ; en pareil cas, on ne fait aucune attention à la parenté, et, une fois séparés, ils ne se revoient plus ! En sortant de la tienda, nous en vîmes quelques-uns couchés à l'ombre d'une plantation, et tout en eux annonçait que ceux-là du moins, la mort ne pouvait tarder à les sauver de l'esclavage. C'étaient ceux qui avaient le plus souffert pendant la traversée, et leur état était des plus tristes. Je présentai à une négresse qui était du nombre une tasse de lait de coco que j'allais boire ; mais elle la refusa d'un regard plein de reconnaissance pourtant, et qui semblait me dire qu'elle n'était pas habituée à tant de bonté. »

5. « Le matin du 28 octobre 1838 *, je fus tiré de mon lit par les cris de gens qui annonçaient qu'un négrier venait de se perdre sur la pointe nord d'Harbour-Island, à moins d'un mille de mon habitation. Je me rendis aussitôt sur le lieu du naufrage où venaient d'arriver une multitude de bateaux, et je m'aperçus que suivant les habitudes de pillage de la classe d'hommes qui les montaient, ils étaient plus occupés à s'emparer de quelques effets du bâtiment naufragé, qu'à sauver la vie à quelques pauvres Africains.

« Sur-le-champ, je leur promis *deux dollars* par tête de nègre

* Extrait d'une lettre du major Mac-Grégor, des Indes occidentales, en date de janvier 1839.

vivant; je fis cette promesse à mes risques et périls, et j'eus la satisfaction d'en voir ramener cinquante-cinq sur plus de deux cents qui étaient à bord. Les plus beaux de ces pauvres gens, des hommes à formes athlétiques, étaient à fond de cale, enchaînés deux à deux, et les flots poussèrent au rivage soixante-dix cadavres dans cet état. Il nous arrivait par moment de nous apercevoir qu'il y avait un vivant et un mort attachés l'un à l'autre, et ce n'était pas sans beaucoup de peine que nous parvenions à dégager le vivant du mort; j'ai regret de dire que nous ne pûmes en sauver que six de cette manière.

« Je promis ensuite un dollar pour l'enterrement de chaque cadavre. Il se trouvait là par hasard un monticule de sable que la marée ne pouvait atteindre. Je fis faire vers le pied une tranchée profonde; on y jeta soixante-dix cadavres, et une portion du monticule servit à les couvrir. Lorsque le bâtiment se brisa en pièces, on vit une vingtaine d'autres corps que les vagues portaient sur le gaillard d'avant, et environ vingt-cinq autres furent repêchés. »